卞尺丹几乙し丹卞と

Translated Language Learning

La Bella Addormentata

Sleeping Beauty
Charles Perrault

Italiano / English

Cover by Ambrose Dudley

Published by Tranzlaty
ISBN: 978-1-83566-141-3
Original text by Charles Perrault
La Belle au bois dormant
First published in French in 1679
Taken from The Blue Fairy Book (1889)
Translated by Andrew Lang
www.tranzlaty.com

La Bella Addormentata
Sleeping Beauty

C'erano una volta un re e una regina
Once upon a time there lived a king and queen
Il re e la regina erano addolorati
The king and the queen were grieved
Erano più addolorati di quanto le parole possano dire
they were more grieved than words can tell
perché non avevano figli
because they had no children
Hanno provato le acque di ogni paese
They tried the waters of every country
Hanno fatto voti e pellegrinaggi
they made vows and pilgrimages
e hanno fatto tutto quello che si poteva fare
and they did everything that could be done
Ma tutto ciò che hanno fatto non ha avuto alcun risultato
but all that they did had no result
Alla fine, tuttavia, i desideri della regina furono esauditi
At last, however, the queen's wishes were fulfilled
e a tempo debito diede alla luce una figlia
and in due course she gave birth to a daughter
Un grande battesimo si è tenuto per la principessa
A grand christening was held for the princess
e tutte le fate furono invitate a fare da madrine
and all the fairies were invited to be godmothers
perché ognuno di loro potesse portarle un dono
so that each one of them could bring her a gift
e potrebbe ottenere ogni perfezione immaginabile
and she might get every imaginable perfection
questa era l'usanza con le Fate in quei giorni
this was the custom with Fairies in those days
C'erano sette fate, tutto sommato

There were seven fairies, all in all
o almeno, c'erano sette fate che potevano trovare
or at least, there were seven Fairies they could find
Ma questo piacque di nuovo al re e alla regina.
But this again pleased the King and Queen
Perché sette è un numero fortunato
because seven is a lucky number
e le fate stavano già diventando scarse
and Fairies were already growing scarce

Quando la cerimonia di battesimo era finita
When the christening ceremony was over
tutti tornarono al palazzo del re
everyone returned to the King's palace
Un grande banchetto si tenne in onore delle fate
A great banquet was held in honor of the fairies
I loro tavoli erano apparecchiati in magnifico stile
Their tables were laid in magnificent style
e prima di ogni Fata c'era uno scrigno d'oro
and before each Fairy was a gold casket
Ogni botte conteneva un cucchiaio, una forchetta e un coltello
each casked contained a spoon, fork, and knife
e ogni botte era fatta di oro fino
and each casked was made of fine gold
ed erano incastonati con diamanti e rubini
and they were set with diamonds and rubies
tutti stavano per sedersi al tavolo
all were about to sit down to the table
e una fata anziana fu vista entrare
and an aged fairy was seen to enter
Nessuno aveva pensato di invitare questa fata
no one had thought to invite this fairy
Per più di cinquant'anni non aveva lasciato la sua torre
for more than fifty years she had not left her tower
La gente pensava che fosse già morta

people thought she had already died
o pensavano che fosse stata stregata
or they thought she had been bewitched
Questo è il modo più comune in cui le fate sono finite
This is the commonest way that Fairies ended
si rinchiudono in una torre
they lock themselves up in a tower
oppure vanno all'interno di una quercia cava
or they go within a hollow oak
e poi non si vedono mai più
and then they are never seen again
Il mento e il naso quasi si toccavano
Her chin and her nose almost touched
La sua faccia sembrava un vecchio schiaccianoci
her face looked like an old nut-crackers
perché le rimanevano pochissimi denti
because she had very few teeth remaining
ma tra i denti ringhiava
but between her teeth she growled
"Io sono la fata brutta-Anne"
"I am the Fairy Ugly-Anne"
"Dove sono le maniere del tuo re?"
"Where are your King's manners?"
"Non sono stato invitato?"
"Have I not been invited?"
Accusò le buone maniere del re
she accused the king's manners
ma il Tipo era in realtà il più educato degli uomini
but the Kind was in fact the politest of men
Il re ordinò che le fosse preparato del cibo per lei.
The King ordered food to be made for her
e le è stato anche dato un posto a tavola
and she was also given a seat at the table
ma era impossibile regalarle uno scrigno d'oro
but it was impossible to give her a golden casket

perché ne erano stati realizzati solo sette
because only seven had been made
La vecchia creatura credeva di essere stata offesa.
The old creature believed she was slighted
e mormorava minacce tra i denti
and muttered threats between her teeth
Fu sentita da una delle giovani fate
She was overheard by one of the young fairies
La giovane fata poteva percepire qualche problema
The young fairy could sense some trouble
Un regalo malizioso potrebbe essere concesso alla principessa
a mischievous gift might be bestowed upon the princess
E non appena l'azienda ha lasciato il tavolo si è nascosta dietro le tende
And as soon as the company left the table she hid behind the curtains
La sua intenzione era di essere l'ultima a parlare
Her intention was to be the last to speak
La vecchia fata potrebbe fare del male
the old fairy might do some evil
e potrebbe essere in grado di contrastare l'incantesimo malvagio
and she might be able to counteract the evil spell

Le fate cominciarono a elargire i loro doni
The fairies began to bestow their gifts
La fata più giovane l'ha ordinata per essere la più bella
The youngest fairy ordained her to be the most beautiful
La fata successiva la benedisse con un temperamento d'angelo
the next fairy blessed her with an angel's temper
Il terzo conferì una grazia meravigliosa alla principessa
the third bestowed wonderful grace upon the princess
Il quarto le diede il dono della danza perfetta
the fourth gave her the gift of perfect dance
La quinta fata le diede la voce di un usignolo

the fifth fairy gave her the voice of a nightingale
e la sesta fata ha regalato la musicalità della principessa
and the sixth fairy gifted the princess musicality
Era ora il turno della fata invecchiata
It was now the turn of the aged fairy
Scosse la testa in segno di dispetto.
She shook her head in a token of spite
Piuttosto che confermare il suo turno, dichiarò che la principessa doveva pungerle la mano.
rather than to confirm her turn, she declared the princess was to prick her hand
"Un fuso le pungerà la mano"
"a spindle will prick her hand"
"E da questa puntura morirà"
"and from this prick she will die"
Un brivido percorse la folla
A shudder ran through the crowd
Tutti gli occhi erano pieni di lacrime
All eyes were filled with tears
Ma poi la giovane fata si fece avanti da dietro l'arazzo
But then the young fairy stepped forward from behind the tapestry
"Consolatevi, vostre Maestà" gridò.
"Take comfort, your Majesties" she cried
"Tua figlia non morirà"
"Your daughter shall not die"
"Il mio potere non basta"
"My power is not enough"
"Il mio potere non cancellerà tutto ciò che la mia anziana parente ha decretato"
"my power won't undo all my aged kinswoman has decreed"
"La principessa si punzecchierà davvero la mano"
"The princess will indeed prick her hand"
"È vero che un fuso le punge la mano"
"it is true that a spindle shall prick her hand"

"Ma lei non morirà per questo"
"but she will not die from this"
"invece si addormenterà profondamente"
"instead she shall merely fall deeply asleep"
"Un sonno che durerà cento anni"
"a slumber that will last a hundred years"
"Alla fine di quel tempo il figlio di un re verrà a risvegliarla"
"At the end of that time a king's son shall come to awaken her"

Nel tentativo di evitare la maledizione della vecchia fata
In an attempt to avoid the old Fairy's curse
Il re proibì l'uso di tutti i fusi
the king forbade the use of all spindles
La punizione per l'uso di un fuso doveva essere la morte
the punishment for using a spindle was to be death
Ha gravemente perplesso e angosciato tutte le donne
It gravely puzzled and distressed all the women
erano famosi per la qualità della loro biancheria
they were famous for the quality of their linen
ed erano orgogliosi di se stessi nel loro lavoro
and they were proud of themselves in their work
"Ma che tipo di lino possiamo filare?" chiesero
"But what sort of linen can we spin?" they asked
"Quale lino possiamo filare senza l'uso di fusi?"
"what linen can we spin without the use of spindles?"
Tuttavia, avevano un grande affetto per il loro monarca
However, they had a great affection for their monarch
e per sedici anni tutti i filatoi tacevano
and for sixteen years all the spinning-wheels were silent
La piccola principessa è cresciuta senza aver mai visto un filatoio
The little Princess grew up without ever having seen a spinning-wheel

Dopo circa sedici anni, il re e la regina erano via un giorno

After around sixteen years, the king and queen were away one day
La principessa correva nel castello
The princess was running around in the castle
Andò al piano di sopra da una stanza all'altra
she went upstairs from room to room
e finalmente arrivò in cima a una torre
and finally she came to the top of a tower
Qui, in cima alla torre, una vecchia donna di servizio sedeva da sola
Here in the top of the tower an old serving woman sat alone
Le è capitato di filare la seta
She happened to be spinning silk
Questa brava donna non aveva mai sentito la legge del re
This good woman had never heard the king's law
e lei filava la seta in modo del tutto innocente
and she was spinning silk quite innocently
"Cosa stai facendo, mia brava donna?" chiese la principessa
"What are you doing, my good woman?" asked the princess
"Sto filando la seta, mia bella bambina" rispose la dama
"I am spinning silk, my pretty child" replied the dame
e non sapeva chi fosse la principessa
and she didn't know who the princess was
"Oh, che divertimento!" rispose la principessa
"Oh, what fun!" replied the princess
"Come si fa?"
"How do you do it?"
"Fammi provare a vedere se riesco a farlo anch'io"
"Let me try and see if I can do it too"
In parte perché era troppo frettolosa
Partly because she was too hasty
ma anche perché la vecchia fata l'aveva ordinata
but also because the Old fairy had ordained it
afferrò il fuso e si punse la mano
she grabbed the spindle and pricked her hand

La brava donna gridò aiuto
The good woman cried out for help
La gente è venuta correndo da ogni stanza
People came running from every room
Le hanno gettato dell'acqua sul viso
They threw water on her face
Le slacciarono il vestito attillato
they unlaced her tight dress
Le schiaffeggiarono le mani e le solleticarono i piedi
they slapped her hands and tickled her feet
hanno bruciato piume sotto il suo naso
they burned feathers under her nose
ma non si svegliava dal sonno
but she would not wake from her sleep
e qualcuno doveva dire al re cosa era successo
and someone had to tell the king what had happened
Il re ricordò la profezia della Fata
The king remembered the Fairy's prophecy
Sapeva che era inevitabile
He knew that it was inevitable
perché la fata lo aveva decretato
because the fairy had decreed it
Ordinò che la principessa fosse messa nel suo letto
He ordered the princess to be placed in her bed
e avresti pensato che fosse un angelo
and you would have thought she was an angel
La trance non le aveva tolto il bel colore
The trance had not taken away her lovely color
Le sue guance erano delicatamente arrossate
Her cheeks were delicately flushed
le sue labbra erano come corallo
her lips were like coral
I suoi occhi erano davvero chiusi
Her eyes indeed were closed

ma il suo respiro dolce poteva essere udito
but her gentle breathing could be heard
si vedeva che non era morta
you could see she was not dead
Il re ordinò che fosse lasciata dormire fino all'ora del suo risveglio.
The king commanded she should be left to sleep until the hour of her awakening

Quando l'incidente accadde alla principessa
When the accident happened to the princess
la fata buona che le aveva salvato la vita condannandola a dormire cento anni
the good fairy who had saved her life by condemning her to sleep a hundred years
la fata buona era nel regno di Mataquin
the good fairy was in the kingdom of Mataquin
Questo era a dodicimila leghe di distanza
this was twelve thousand leagues away
Le fu immediatamente detto da un piccolo nano, tuttavia
She was instantly told by a little dwarf, however
Un piccolo nano che aveva stivali a sette leghe
a little dwarf who had seven-league boots
Stivali che potrebbero richiedere sette leghe in un passo
boots that could take seven leagues in a step
e la fata partì subito
and the fairy set off at once
Il suo carro di fuoco era trainato da draghi
Her chariot of fire was drawn by dragons
e nel giro di un'ora si stava avvicinando al castello
and within an hour she was approaching the castle
Il re la aiutò a scendere dal suo carro
The king helped her down from her chariot
e lei approvò tutto ciò che aveva fatto
and she approved of all that he had done

Essendo dotata di grandi poteri di lungimiranza, sapeva cosa doveva essere fatto
Being gifted with great powers of foresight she knew what had to be done
Sapeva che quando la principessa si sarebbe risvegliata sarebbe stata angosciata di essere sola.
she knew when the princess came to be awakened she will be distressed to be all alone
E questo è quello che ha fatto;
And this is what she did;
Ha toccato tutti con la sua bacchetta tranne il re e la regina
She touched everybody with her wand except the king and queen
governanti, damigelle d'onore, dame di compagnia, signori,
governesses, maids of honor, ladies-in-waiting, gentlemen,
ufficiali, steward, cuochi, scullions, fattorini
officers, stewards, cooks, scullions, errand boys
guardie, facchini, paggi e fanti.
guards, porters, pages and footmen.
Ha toccato tutti i cavalli nelle stalle
She touched all the horses in the stables
e toccò gli stallieri del cavallo
and she touched the horse's grooms
Ha toccato i grandi mastini nel cortile
she touched the big mastiffs in the courtyard
e toccò il piccolo Puff che giaceva sul letto della principessa
and she touched little Puff who was laying on the Princess' bed
Little Puff era il cane da compagnia della principessa
Little Puff was the Princess' pet dog
Nel momento in cui li toccò si addormentarono
The moment she touched them they fell asleep
e si sarebbero svegliati solo quando la principessa si sarebbe svegliata
and they would only awaken when the Princess awoke
In questo modo sarebbero sempre pronti a servirla

this way they would always be ready to serve her
sarebbero lì ogni volta che ne avrebbe avuto bisogno
they would be there whenever she should require it
Il fuoco stesso si addormentò
The very fire itself fell asleep
e tutto è stato fatto in un attimo
and all was done in a moment
Le fate non impiegano molto tempo a fare il loro lavoro
fairies do not take long to do their work
Poi il re e la regina baciarono il loro bambino
Then the king and queen kissed their child
La baciarono senza svegliarla
they kissed her without waking her
e poi lasciarono il castello
and then they left the castle
Sono stati emessi proclami:
proclamations were issued:
era vietato avvicinarsi al castello
it was forbidden to approach the castle
ma questi avvertimenti non erano necessari
but these warnings were not needed
Gli alberi sono cresciuti intorno al castello
trees grew up all around the castle
L'intreccio di rovi e spine formava una barriera naturale
interlacing brambles and thorns formed a natural barrier
e così né l'uomo né la bestia potevano entrare nel castello
and so neither man nor beast could enter into the castle
Solo le cime delle torri potevano essere viste
Only the tops of the towers could be seen
e potevano essere visti solo da lontano
and they could only be seen from a distance
E così la magia di Fairy ha raggiunto il suo obiettivo
And so Fairy's magic achieved its goal
La principessa non aveva nulla da temere durante tutto il tempo del suo sonno

the princess had nothing to fear during all the time of her slumber

Dopo cento anni il trono era passato
After a hundred years the throne had passed
Un'altra famiglia erano ora i monarchi
another family were now the monarchs
Un giorno il figlio del re stava cacciando vicino alla foresta del castello della principessa
One day the king's son was hunting nearby the forrest of the Princess' castle
e in lontananza vide alcune torri
and in the distance he saw some towers
in mezzo alla grande e fitta foresta
in the midst of the large and dense forest
Chiese quali fossero le torri
he asked what the towers were
I suoi assistenti gli raccontarono varie storie
His attendants told him various stories
alcune erano storie che avevano sentito
some were stories which they had heard
e alcune erano storie che avevano immaginato
and some were stories which they had imagined
Alcuni dissero che c'era un vecchio castello infestato da fantasmi
Some said there was an old castle haunted by ghosts
Altri hanno detto che tutte le streghe hanno tenuto le loro riunioni lì
others said all the witches held their meetings there
La maggior parte ha detto che un orco viveva nel castello
Most said an ogre lived in the castle
e l'orco portò via i bambini
and the ogre carried children away
e l'orco li divorò a suo piacimento
and the ogre devoured them at his leisure

e solo l'orco poteva attraversare i boschi
and only the ogre could get through the woods
quindi nessuno era stato in grado di inseguirlo
so nobody had been able to pursue him
Il principe si stava ancora chiedendo a cosa credere
the prince was still wondering what to believe
Poi un vecchio contadino ha iniziato a raccontare una storia
then an old peasant started telling a story
"Sua Altezza" disse
"Your Highness" he said
"più di cinquant'anni fa ho sentito mio padre raccontare di questo castello"
"more than fifty years ago I heard my father tell of this castle"
"In questo castello giace una principessa"
"in this castle lies a princess"
"la principessa più bella che ci sia mai stata"
"the most beautiful Princess there has ever been"
"È condannata a dormire lì per cento anni"
"She is doomed to sleep there for a hundred years"
"E allora sarà risvegliata dal figlio di un re"
"and then she will be awakened by a king's son"
"E lei sta aspettando la sua venuta"
"and she is waiting for his coming"
Questa storia ha licenziato il giovane principe
This story fired the young prince
Saltò immediatamente a una conclusione
He jumped immediately to one conclusion
Dovrebbe essere lui a partire per questa avventura
he should be the one to go on this adventure
Spinto dall'amore e dalla gloria, decise allora e lì andare al castello
driven by love and glory, he decided then and there go to the castle
Aveva appena fatto un passo verso il bosco quando i rovi e le spine si separarono.

He had hardly taken a step towards the wood when the brambles and the thorns separated
Un percorso per il castello è stato fatto per il principe
a path to the castle was made for the prince
Si voltò in direzione del castello
He turned in the direction of the castle
e vide il castello alla fine di un lungo viale
and he saw the castle at the end of a long avenue
In questo viale è entrato, ma è rimasto sorpreso
This avenue he entered, but he was surprised
Gli alberi dietro di lui si chiusero di nuovo non appena ebbe superato
the trees behind him closed up again as soon as he had passed
Nessuno del suo staff è stato in grado di seguirlo
none of his staff were able to follow him
Un giovane principe è sempre coraggioso, tuttavia
A young prince is always brave, however
Così continuò il suo cammino tra gli alberi
so he continued on his way through the trees
e subito raggiunse un grande piazzale
and presently he reached a large forecourt
La vista del cortile lo riempì di una paura gelida.
The sight of the courtyard filled him with an icy fear
Il silenzio del luogo era terribile
The silence of the place was dreadful
Il senso della morte sembrava circondarlo
the sense of death seemed to surround him
Gli uomini e gli animali sembravano tutti senza vita, finché non percepì qualcosa;
The men and animals had all seemed lifeless, until he perceived something;
i nasi brufoli e le facce rubiconde dei facchini
the pimply noses and ruddy faces of the porters
stavano semplicemente dormendo!
they were merely sleeping!

Era chiaro che potevano solo dormire
It was plain to see that they could only be asleep
c'erano ancora alcune gocce di vino nei loro bicchieri
there were still some drops of wine in their glasses
si erano addormentati mentre bevevano
they had fallen asleep while drinking
Il principe si fece strada in un grande cortile
The prince made his way into a great courtyard
e salì la scala ed entrò nella guardiola
and he mounted the staircase and he entered the guardroom
Qui le guardie erano schierate su entrambi i lati
Here the guards were lined up on both side
i loro moschetti erano sulle loro spalle
their muskets were on their shoulders
e russavano più forte che potevano
and they were snoring as loud as they could
Ha attraversato diversi appartamenti
He went through several apartments
Ogni camera era affollata di signore e signori
each room was crowded with ladies and gentlemen
Alcune signore erano sedute, alcuni signori erano in piedi
some ladies were seated, some gentlemen were standing
ma tutte le signore e i signori dormivano
but all the ladies and gentlemen were asleep
Si spinse ulteriormente attraverso il castello
he pushed on further through the castle
e così finalmente giunse in una camera
and so he finally came to a chamber
una camera addobbata d'oro
a chamber which was decked with gold
C'era lo spettacolo più bello che avesse mai visto
There was the most beautiful sight he had ever seen
Una giovane principessa sdraiata su un letto
a young princess reclining upon a bed
Una giovane principessa la cui bellezza radiosa aveva una

lucentezza quasi ultraterrena
a young princess whose radiant beauty had an almost unearthly luster
Tremante di ammirazione le si avvicinò
Trembling with admiration he came near her
ed egli si inginocchiò accanto a lei
and he went on his knees beside her
Nello stesso momento, era giunta l'ora del disincanto
At the same moment, the hour of disenchantment had come
La principessa si svegliò e gli diede uno sguardo tenero
the princess awoke, and she bestowed upon him a tender look
Uno sguardo più tenero di quanto una prima occhiata possa giustificare
a look more tender than a first glance might warrant
"Sei tu, caro principe?" disse
"Is it you, dear prince?" she said
"Hai tardato a venire!"
"You have been long in coming!"
Il principe rimase molto affascinato da queste parole
the prince was very charmed by these words
ed era particolarmente affascinato dal modo in cui le sue parole
and he was especially charmed by the manner of her words
sapeva a malapena come esprimere la sua gioia
he scarcely knew how to express his delight
Dichiarò di amarla più di quanto amasse se stesso.
He declared he loved her more than he loved himself
Le sue parole vacillavano, ma lei era particolarmente contenta del suo tentativo.
His words were faltering, but she was especially pleased by his attempt
Meno c'è eloquenza, più c'è amore
The less there is of eloquence, the more there is of love
Il suo imbarazzo era inferiore al suo
Her embarrassment was less than his

Ma questo non è sorprendente
but that is not surprising
Aveva avuto il tempo di pensare a cosa avrebbe detto
she had had time to think of what she would say
Sembra che la fata buona le abbia permesso sogni piacevoli
It seems the good fairy allowed her pleasant dreams
anche se questo non è menzionato nella storia
although this isn't mentioned in the story
e anche dopo quattro ore di conversazione avevano detto solo la metà di quello che volevano
and even after four hours of talking they had only said half of what they wanted to

Ora l'intero palazzo si era risvegliato
Now the whole palace had awakened
Ognuno ha fatto i suoi affari
Everyone went about their business
e poiché non erano tutti innamorati cominciarono a sentirsi molto affamati
and since they were not all in love they began to feel very hungry
La dama di compagnia soffriva come gli altri
The lady-in-waiting was suffering like the rest
e alla fine perse anche la pazienza
and eventually she lost patience too
e ad alta voce chiamò la principessa
and in a loud voice she called out to the princess
"La cena viene servita"
"supper is being served"
La principessa era già completamente vestita
The princess was already fully dressed
ed era in uno stile magnifico
and she was in most magnificent style
Mentre lui la aiutava ad alzarsi, sembrava vestita come sua nonna

As he helped her to rise, she looked dressed like his grandmother
Ma il principe si astenne dal dirglielo.
but the prince refrained from telling her
e non l'ha resa meno bella
and it didn't make her less beautiful
Passarono in un appartamento pieno di specchi
They passed into an apartment full of mirrors
e lì venivano serviti con la cena mentre i violini suonavano un po 'di vecchia musica
and there they were served with supper while the violins played some old music
I violini l'hanno suonata straordinariamente bene
The violins played it remarkably well
nonostante non sia stato giocato per cento anni
despite not having been played for a hundred years
Poco dopo, finita la cena, il cappellano li sposò
A little later, when supper was over, the chaplain married them
e a tempo debito, tornarono a riposare
and in due course, they went back to rest
Hanno dormito, ma poco, tuttavia
They slept, but little, however
La principessa non aveva molto bisogno di dormire
The princess didn't have much need of sleep
e appena venne il mattino il principe partì di nuovo
and as soon as morning came the prince left again
Tornò in città
He returned to the city
e disse a suo padre che si era perso
and he told his father that he had gotten lost
Suo padre lo aspettava con una certa ansia
His father had been waiting with some anxiety
ma disse che aveva ottenuto del pane nero
but he said he had obtained some black bread
e aveva anche preso del formaggio da un contadino

and had also gotten some cheese from a farmer
e disse che passò la notte con il contadino
and he said that he spent the night with the farmer
Suo padre reale era di natura accomodante
His royal father was of an easygoing nature
e lui credette alla favola
and he believed the tale
Ma sua madre non era così facilmente ingannata
but his mother was not so easily hoodwinked
Notò che ora andava a caccia ogni giorno
She noticed he now went hunting every day
e notò che aveva sempre una scusa
and she noticed he always had an excuse
soprattutto quando aveva dormito due o tre notti lontano
especially when he had slept two or three nights away
Si sentiva certa che avesse qualche storia d'amore
She felt certain he had some love affair

Sono passati due anni interi dal matrimonio
Two whole years passed since the marriage
e durante quel periodo ebbero due figli
and during that time they had two children
La prima era una figlia chiamata dopo l'alba
The first was a daughter named after the dawn
il secondo era un ragazzo che prendeva il nome dal giorno
the second was a boy named after the day
perché sembrava ancora più bello di sua sorella
because he seemed even more beautiful than his sister
La regina diceva spesso a suo figlio che avrebbe dovuto sistemarsi.
The queen often told her son he ought to settle down
Ma lei lo ha fatto solo per ingannarlo.
But she only did this to trick him
Voleva che lui si confidasse con lei
she wanted to make him confide in her

Ma non osava fidarsi di lei con il suo segreto
but he did not dare to trust her with his secret
Anche se amava sua madre, aveva paura di lei
Even though he loved his mother, he was afraid of her
perché proveniva da una razza di orchi
because she came from a race of ogres
e il re l'aveva sposata solo per la sua ricchezza
and the king had only married her for her wealth
Si sussurrava che avesse istinti ogrish
It was whispered that she had ogrish instincts
Quando i bambini piccoli erano vicino a lei, aveva la più grande difficoltà a non avventarsi su di loro
when little children were near her she had the greatest difficulty not to pounce on them
Non c'è da stupirsi che il principe fosse riluttante a dire una parola.
No wonder the prince was reluctant to say a word
Ma alla fine di due anni il re morì
But at the end of two years the king died
e il principe si ritrovò sul trono
and the prince found himself on the throne
Ha poi reso pubblico l'annuncio del suo matrimonio
He then made public announcement of his marriage
e andò a prendere sua moglie dal suo castello
and he went to fetch his wife from her castle
Con i suoi due figli accanto a lei, fece un ingresso trionfale
With her two children beside her, she made a triumphant entry
nel castello del regno di suo marito
into the castle of her husband's realm

Qualche tempo dopo il re dichiarò guerra
Some time afterwards the king declared war
combatterà l'imperatore Cantalabutte
he will fight the Emperor Cantalabutte
Poiché stava per essere assente, nominò la regina madre

reggente
Since he was going to be absent, he appointed the queen mother as regent
e affidò la moglie alle cure della madre
and he entrusted his wife to his mother's care
e affidò anche i suoi figli alle sue cure
and he also entrusted his children to her care
Si aspettava di essere via in guerra per tutta l'estate
He expected to be away at war all summer
e appena se ne fu andato la regina madre mandò la famiglia in campagna
and as soon as he was gone the queen mother sent the family to the country
Li fece vivere in una villa nella foresta
she made them live in a mansion in the forest
In questo modo poteva gratificare i suoi orribili desideri.
This way she could gratify her horrible longings
o almeno troverebbe più facile fare la cosa malvagia
or at least she would find it easier to do the evil thing
Pochi giorni dopo ci andò
A few days later she went there
e la sera convocò il capo intendente
and in the evening she summoned the chief steward
"Per la mia cena di domani" gli disse, "mangerò piccola alba"
"For my dinner tomorrow" she told him, "I will eat little dawn"
"Oh, signora!" esclamò l'intendente.
"Oh, Madam!" exclaimed the steward
"Questa è la mia volontà" disse la regina
"That is my will" said the queen
e parlava con i toni di un orco
and she spoke in the tones of an ogre
Un orco che desidera ardentemente la carne cruda
an ogre who longs for raw meat
"La servirai con salsa piccante"
"You will serve her with piquant sauce"

Il pover'uomo vide che non poteva discutere con un orco,
The poor man saw he couldn't argue with an ogress,
prese il suo grosso coltello e salì nella camera della piccola Alba
he took his big knife and he went up to little Dawn's chamber
All'epoca aveva quattro anni
She was four years old at the time
e quando lei venne correndo a salutarlo scoppiò in lacrime
and when she came running to greet him he burst into tears
e lasciò cadere il coltello dalla sua mano.
and he let the knife fall from his hand
Scese nel cortile dietro la casa
He went down to the yard behind the house
e ha macellato un giovane agnello.
and he slaughtered a young lamb.
Dall'agnello ha fatto una deliziosa salsa
From the lamb he made a delicious sauce
L'orchessa pensava solo che stesse mangiando la piccola alba
the ogress only thought she was eating little dawn
ma ha dichiarato che era il migliore che avesse mai avuto
but she declared it was the best she ever had
Allo stesso tempo l'intendente portò la piccola alba a sua moglie.
At the same time the steward carried little dawn to his wife
e le chiese di nasconderla negli alloggi
and he asked her to hide her in the quarters

Otto giorni dopo la regina malvagia convocò di nuovo il suo intendente.
Eight days later the wicked queen summoned her steward again
"Per la mia cena" annunciò "mangerò poco giorno"
"For my supper" she announced "I will eat little day"
Lo steward non rispose
The steward made no answer

Era determinato a ingannarla di nuovo
he was determined to trick her again
Andò alla ricerca di un piccolo giorno
He went in search of little day
Lo trovò con una piccola spada in mano
he found him with a tiny sword in his hand
e stava giocando con una scimmia
and he was playing with a monkey
Lo portò da sua moglie
He carried him off to his wife
e sua moglie lo ha riposto via
and his wife stowed him away
Ha servito un giovane cervo all'orchessa, invece del bambino
He served a young deer to the ogress, instead of the child
e l'orchessa lo trovò ancora più delizioso
and the ogress found it even more delicious

Finora tutto era finito bene
So far everything had ended well
Ma la regina cattiva non era finita
But the evil queen was not done
aveva ancora più fame malvagia
she still had more evil hunger
"Vorrei mangiare la regina" disse
"I would like to eat the queen" she said
"con la stessa salsa dei suoi figli"
"with the same sauce as her children"
Questa volta il povero maggiordomo si disperò
This time the poor steward despaired
Non c'era modo di ingannarla di nuovo
there was no way to trick her again
La giovane regina aveva vent'anni
The young queen was twenty years old
e i cento anni in cui era stata addormentata
and the hundred years she had been asleep

La sua pelle era diventata un po' dura
Her skin had become a little tough
anche se la sua pelle era liscia e bella
although her skin was smooth and beautiful
Quale animale avrebbe mai potuto trovare?
what animal could he possibly find?
Quale animale corrisponderebbe a lei?
What animal would correspond to her?
Sapeva che doveva uccidere la regina se voleva salvare la propria vita.
He knew he had to kill the queen if he wanted to save his own life
Così salì al piano di sopra nel suo appartamento.
So he went upstairs to her apartment
Era determinato a compiere l'atto
he was determined to do the deed
Si è infuriato e ha estratto il coltello
He brought himself into a rage and he drew his knife
Entrò nella camera della giovane regina
he entered the young queen's chamber
ma doveva mostrarle un po' di rispetto
but he had to show her some respect
e ripeté il terribile comando
and he repeated the terrible command
Il comando che aveva ricevuto dalla Regina Madre
the command which he had from the queen mother
"Fatelo! fallo!" gridò, mentre gli mostrava il collo.
"Do it! do it!" she cried, while baring her neck to him
"Esegui l'ordine che ti è stato dato!"
"carry out the order you have been given!"
"Allora ancora una volta vedrò i miei figli"
"Then once more I shall see my children"
"i miei poveri figli che ho tanto amato!"
"my poor children that I loved so much!"
Non le è stato detto quando i bambini sono stati rubati

She wasn't told when the children were stolen
e lei li credeva morti
and she believed them to be dead
Il povero intendente fu sopraffatto dalla compassione
The poor steward was overcome by compassion
"No, no, signora" dichiarò.
"No, no, Madam" he declared
"Non morirai"
"You shall not die"
"Ma certamente rivedrai i tuoi figli"
"but you shall certainly see your children again"
"Sono nei miei alloggi, dove li ho nascosti"
"They are in my quarters, where I have hidden them"
"Farò mangiare alla regina un giovane vitello al posto tuo"
"I shall make the queen eat a young calf in place of you"
"E in questo modo potremmo ingannarla ancora una volta"
"and this way we might trick her once more"
Senza più indugiare la condusse nei suoi alloggi.
Without more ado he led her to his quarters
e la lasciò lì per abbracciare i suoi figli
and he left her there to embrace her children
Ha proceduto a cucinare un vitello
He proceeded to cook a calf
Questo è stato il suo miglior piatto ancora
This was his best dish yet
E di nuovo la regina madre non se ne rese conto
and again the queen mother didn't realize
e lo mangiò come se fosse davvero la principessa
and she ate it as if it really were the princess
La regina madre si sentì soddisfatta
The queen mother felt satisfied
anche se le sue azioni erano crudeli
even though her deeds were cruel
Aveva già pensato a una spiegazione;
She had already thought of an explanation;

"I lupi selvaggi avevano divorato la sua famiglia"
"wild wolves had devoured his family"

Era sua abitudine aggirarsi per il castello
It was her habit to prowl around the castle
potrebbe trovare più carne cruda
she might find more raw meat
e una sera sentì il bambino
and one evening she heard the little boy
Stava piangendo in una cantina sotterranea
he was crying in a basement cellar
perché sua madre aveva minacciato di frustarlo
because his mother had threatened to whip him
perché era stato cattivo
because he had been naughty
e udì la voce della piccola alba
and she heard the voice of little dawn
Stava implorando perdono per suo fratello
she was begging forgiveness for her brother
L'orchessa riconobbe le voci della regina
The ogress recognized the voices of the queen
e riconobbe il suono dei bambini
and she recognized the sound of the children
Era infuriata nello scoprire di essere stata ingannata.
She was enraged to find she had been tricked
La mattina dopo, ordinò che fosse portato un enorme tino da portare
The next morning, she ordered a huge vat to be brought
e aveva la vasca collocata nel cortile
and she had the vat placed in the courtyard
Tutti erano spaventati a Disobay
all were to frightened to disobay
perché era molto arrabbiata
because she was very angry
Ha riempito la vasca di vipere e rospi

She filled the vat with vipers and toads
e lo riempì di serpenti e serpenti di ogni specie
and she filled it with snakes and serpents of every kind
Intendeva gettare la regina in esso, insieme ai suoi figli,
She intended to cast the queen into it, along with her children,
E voleva gettare l'intendente e sua moglie nella vasca
and she wanted to throw the steward and his wife into the vat
Tutti coloro che l'avevano ingannata sarebbero stati divorati dalle bestie
all who had tricked her would be devoured by the beasts
Per suo comando questi sono stati portati avanti
By her command these were brought forward
avevano le mani legate dietro la schiena
they had had their hands tied behind their backs
e i suoi scagnozzi si stavano preparando a gettarli nella vasca
and her minions were getting ready to cast them into the vat
Poi il re cavalcò nel cortile!
then the king rode into the courtyard!
Nessuno se lo aspettava così presto
Nobody had expected him so soon
ma aveva viaggiato in fretta
but he had traveled in a hurry
Pieno di stupore, chiese di sapere cosa significasse lo spettacolo.
Filled with amazement, he demanded to know what the spectacle meant
Nessuno osava dirgli cosa stava per accadere
None dared tell him what was about to happen
L'orchessa era infuriata per ciò che aveva di fronte
The ogress was enraged at what confronted her
e l'orchessa si gettò nella vasca
and the ogress threw herself into the vat
e fu divorata in un istante dalle orribili creature
and she was devoured in an instant by the hideous creatures
Il re non poté fare a meno di dispiacersi

The king could not help but feel sorry
Dopo tutto, era sua madre
after all, she was his mother
ma non passò molto tempo prima che trovasse consolazione
but it was not long before he found consolation
Era tornato con la sua bella moglie e i suoi figli
he was back with his beautiful wife and children

La fine / The End

www.tranzlaty.com

www.ingramcontent.com/pod-product-compliance
Lightning Source LLC
Chambersburg PA
CBHW011143190726
48289CB00012B/3130

* 9 7 8 1 8 3 5 6 6 1 4 1 3 *